Von Spürnasen & Hundehaaren

Von Jessica Hilbert

Buchbeschreibung:

Willkommen in der bezaubernden Welt der Vierbeiner mit »Von Spürnasen & Hundehaaren«, einem Gedichtband, der die einzigartige Verbindung zwischen Mensch und Hund in den Mittelpunkt stellt. Von treuen Blicken und verspielten Streifzügen bis hin zu tiefen Bindungen und unvergesslichen Abenteuern - diese Gedichte erkunden die vielfältigen Facetten des Lebens mit Hunden.

Über die Autorin:

Jessica Hilbert, Jahrgang 1987, erblickte das Licht der Welt in Schleswig-Holstein. Nach erfolgreichem Abschluss ihrer Dissertation im Bereich Chemie begann sie, sich auch dem Verfassen von Texten jenseits der wissenschaftlichen Welt zu widmen. Heute lebt sie mit ihrer Familie weiterhin in der norddeutschen Region, die sie als ihr Zuhause bezeichnet.

Ebenfalls von der Autorin erschienen:

Illustrierte Gedichtbände:
   Von Samtpfoten & Märchenkatzen

Fantasyromane:
   Katzenagenten – Bedrohung aus dem Nebel

Von Spürnasen & Hundehaaren

Illustrierte Hundegedichte

Von Jessica Hilbert

Bibliografische Information der
Deutschen Nationalbibliothek:
Die Deutsche Nationalbibliothek verzeichnet diese
Publikation in der Deutschen Nationalbibliografie;
detaillierte bibliografische Daten sind im Internet über
http://dnb.dnb.de abrufbar.

Blog: www.buchstabenpfote.de
E-Mail: kontakt@buchstabenpfote.de

Covergestaltung: Jessica Hilbert
Coverabbildung: erstellt mit Midjourney
Illustrationen: erstellt mit Midjourney

Herstellung und Verlag:
BoD - Books on Demand, Norderstedt

ISBN: 9783757881955

Inhalt

Auf den Hund gekommen

Auf den Hund gekommen

Mein Leben, ruhig und gelassen,
    doch dann geschah's, kaum zu fassen,
    ein Fellknäuel, treu und fein,
    ein Hund trat in mein Leben ein.

Von da an änderte sich mein Tagesablauf,
    aber das nahm ich mit Freude in Kauf.
    Der Wecker bellte nun früh am Morgen,
    mit einem Schwanzwedeln, ganz ohne
Sorgen.

Die Ruhe des Alltags wurde durchbrochen,
    von einer Liebe, die wuchs mit den
Wochen.
    Ein Chaos aus Spielzeug, überall verstreut,
    dazwischen die Reste meiner Pantoffeln,
wiedergekäut.

Rennen am Strand, ein Spaziergang im Wald,
    Stunden des Spielens, unermüdlich, bald.
    Ein Abenteuer, auf vier Pfoten getragen,
    das Leben mit Hund, ich kann es bejahen.

Wundervolle Freundschaft

Ein Kind und ein Hund, Hand in Pfote,
  eine Freundschaft, mit besonderer Note.
  Sie spielen zusammen in Sonne und Wind,
  eine Bindung, die bleibt, so ist es bestimmt.

Das Kind erzählt, der Hund, der bellt,
  zusammen erobern sie ihre Welt.
  Sie tollen herum, einander im Blick,
  gehen gemeinsam durch dünn und dick.

Das Kind lacht laut, der Hund springt mit,
  die Welt wird bunt, mit jedem Schritt.
  Eine Freundschaft, ein Nehmen und Geben,
  ganz klar, ein richtiger Bund fürs Leben.

Am Ende des Tages, Pfote in Hand,
  kommen beide zur Ruhe im Träumeland.
  Sie kuscheln sich eng aneinander,
  schlafen ein, bis zum nächsten Abenteuer.

Babysitter

Kleiner Mensch und lieber Hund,
    schnell knüpft sich hier ein neuer Bund.

Decke weggestrampelt, im Schlaf so süß,
    der Hund ist da, deckt zu die Füß.
Das Baby schlummert selig weiter,
    mit seinem Hund, als wachsamen Begleiter.

Spielzeug außer Reichweite, oh Schreck,
    der Hund stupst es ganz sanft zurück.
Das Baby gluckst, ja das gefiel,
    zusammen beginnen sie ein neues Spiel.

Hingefallen, Kummer groß,
    der Hund ist da, er spendet Trost.
Das Baby kuschelt sich an ihn,
    der Hund lässt es zu gern geschehn.

Die Welt mag manchmal unruhig sein,
    der Hund lässt »sein Baby« niemals allein.

Ein treuer Begleiter

Der Hund, ein treuer Begleiter,
in Freude, in Sturm und Gewitter.
Mit wedelndem Schwanz, voller Glück,
sein Herz, seine Liebe, kennt keinen Rück-
schritt.

In Nächten so dunkel und kalt,
ist er unser Licht, unser Halt.
Er hört, wenn Worte versagen,
seine Nähe, sie tröstet, ohne zu fragen.

Durch Wiesen, Wälder und ferne Orte,
sein Blick, er spricht, ohne Worte.
Ein Lächeln, das alle Sorgen vertreibt,
ein Freund, der stupst bis Freude bleibt.

Ein harter Tag

Man kommt nach Hause, schweren Gemüts,
   der Tag war hart, die Laune im Sturzflug.
   Doch dein Hund springt freudig empor,
   mit einem Schwanzwedeln, wie nie zuvor.

Er haart dich voll, doch das ist egal,
   sein Herz, es strahlt völlig banal.
   Sein Enthusiasmus, er ist ansteckend,
   schlechte Laune, ganz schnell abwesend.

Sein Blick, so tief, so voller Glück,
   die gute Laune kommt schnell zurück.
   Er erinnert dich daran, was wirklich zählt,
   die Freude im Moment, die nicht verfehlt.

Der Hund, er zaubert ein Lächeln, und just,
   vergessen sind Sorgen, Ärger und Frust,
   Vollgesabbert, angebellt, und doch so klar,
   alles ist gut, wenn er bei dir war.

Verändertes Zusammenleben

Der Hund im Bett

Einst klein und putzig, sanftes Fell,
    ein Welpe, ach, so zart und schnell,
    lag er im Bett, kaum Platz genommen,
    ein süßes Bild, das Herz voreingenommen.

Doch Jahre sind vergangen, wie im Flug,
    der kleine Welpe, groß, stark und klug,
    beansprucht er in einer Manier,
    dem Platz im Bett, als sein Revier.

Die Decken und Kissen, so warm und fein,
    einst für mich ganz allein,
    erobert hat er nun das Reich,
    das Bett, das nun für uns beide gleicht.

Er streckt sich aus, nimmt ein den Raum,
    ich hätte es nicht gedacht im Traum,
    er macht sich in meinem Bett dick,
    doch wer widersteht diesem Hundeblick?

So teilen wir das Bett, ich und mein Gefährte,
    seine Größe, seine Nähe, sie sind die Lehre,
    dass Liebe keine Grenzen kennt,
    so schlafe ich zwischen ihm und der Wand,
eingeklemmt.

Ein gut erzogener Hund

Ein gut erzogener Freund, der da steht,
   mit Augen, die leuchten, so süß, so recht.
   Er weiß genau, wie er's anstellen muss,
   um mein Gewissen zu wecken, welch ein
Verdruss.

Kein Bellen, kein Jammern, das macht er
nicht,
   der Blick spricht Bände, aus seiner Sicht.
   Sein Schweigen, so laut, in meinem Ohr,
   ich drohe zu vergessen, was ich mir schwor.

Der Hund hat sein Essen, ich habe meins,
   doch welches ist besser? Meins oder seins?
   Aus seiner Sicht gibt es eine klare Antwort,
   und nun bin ich es, die hier schmort.

Der gut erzogene Hund, er weiß genau,
   wie er es anstellen muss, ohne Show.
   Mein Mahl, es bleibt mein, ohne Frage,
ohne Streit,
   doch sein Blick, er spricht, in süßer Ehrlich-
keit.

Hundegebell

In der Stille der Nacht, ein Lied erwacht,
   der Hund, er bellt, in seiner Pracht.
   Doch die Töne, die er formt, sind rau,
   sein musikalisches Talent ist eher mau.

In der Morgendämmerung, vor dem Licht,
   der Hund, er bellt, es ist seine Pflicht.
   Die Melodie, sie ist etwas schief,
   sein Talent weiter im Verborgenen, ganz tief.

Im Sonnenuntergang, am Ende des Tages,
   der Hund bellt laut, so mag er es.
   Seine Stimme, sie ist nicht perfekt,
   sein Talent immer noch versteckt.

Ob in der Stille der Nacht oder am Tag,
   der Hund er singt, egal, wie es klingen mag.
   Es ist ihm gleich, was so manch einer denkt,
   vielleicht liegt darin auch sein Talent.

Hunde im Garten

Hunde, sie geben so viel,
   zeigen uns so manches Spiel.
   Sie bringen Überraschungen, das ist klar,
   zu jeder Zeit im Gartenjahr.

Die Blumenzwiebeln, sorgfältig gesetzt,
   ruhten im Erdenreich, bis jetzt.
   Doch der Hund, er hat sie gefunden,
   freudig buddelnd der Erde entwunden.

Der Rasen, gepflegt nach englischer Art,
   aber ein Loch oder zwei sind doch apart.
   Der Schaden am Rasen ist nachhaltig,
   aber nur Rasen - auf Dauer auch langweilig.

Die Gartenschuhe auf der Terrasse standen,
   Hundeaugen sie ganz schnell fanden.
   Prompt stibitzt und woanders versteckt,
   das Spiel der Suche ist, was neckt.

Das Chaos, liebenswert und bunt,
   ist einzigartig mit jedem Hund.
   Der Garten, er wird repariert, ganz klar,
   trotz Hund ist das Gartenleben wunderbar.

Ohne Hundehaare

Ohne Hundehaare, so scheint's mir fast,
    ist man nicht richtig angezogen, welch Last.
    Sie kleben am Pullover, sie tanzen im Wind,
    ein modisches Accessoire, das im Alltag
beginnt.

Im Haar, in der Luft, überall sind sie da,
    Hundehaare, das ist meine Mode, ganz klar.
    Sie tanzen um mich, wie funkelnde Sterne,
    ein Stil, der sich von selbst kreiert, wie
lerne.

Ohne Hundehaare, ist mein Outfit nicht komplett,
    sie sind mein Accessoire, ist das nicht nett.
    Sie sagen, dass ich einen Hund besitze,
    ein Statement, das ich nicht mehr vermisse.

Ohne Hundehaare, ist mein Style nicht vollbracht,
    sie sind mein absolut besonderer Touch.
    Sie kleiden mich in Freundschaft, so klar,
    ein Look, der sagt, »Ein Hund gehört zu
mir, das ist wunderbar!«

Sprichwörter, Kulturen & Legenden

Sprichwörtlich

Im Sprichwortland, so vielfältig und klar,
    da sind Hunde ein Thema, ganz wunderbar.

»Ein treuer Hund ist ein wahrer Schatz.«
    Die Loyalität, kein Vergleich, kein Platz,
    ein Freund, der stets an unsrer Seite bleibt,
    ob Sonne ob Sturm, sein Herz uns begleit'.

»Hunde, die bellen, beißen nicht.«
    Die lauten Worte, sie täuschen das Licht,
    ein Warnsignal, ein Biss kein Muss,
    Weisheit im Sprichwort, ein kleiner Kuss.

»Wie der Herr, so's Gescherr.«
    Die Ähnlichkeit, so klar, so fair,
    der Hund, ein Spiegelbild, so fein,
    nicht durchs Leben zu ziehn allein.

»Der Hund in der Pfanne lernt nicht schwimmen.«
    Die Umgebung zählt, sie muss stimmen,
    am falschen Ort, kein Fortschritt entsteht,
    ein Rat, der in Gedanken besteht.

So sind Sprichwörter über Hunde gespannt,
    ein Netz aus Weisheit, im Alltagsland.

Kulturelle Unterschiede

In Kulturen weit verstreut, so bunt,
   ein Hund, ein Freund, ein Band, ein Fund.
   Der Status des Hundes, so vielfältig, so klar,
   von Kontinent zu Kontinent, von Jahr zu
Jahr.

Im Westen, ein Begleiter, so treu,
   ein Mitglied der Familie, ohne Scheu.
   Ein Haustier, geliebt und geachtet,
   sein Status, hoch, sein Platz, wahrhaftig.

Im Osten, Asien, ein Symbol so rein,
   Loyalität, Glück, ein Hund, so fein.
   In Japan, Freundschaft, reicht weit zurück,
   im chinesischen Tierkreis, ein Jahr des
Glücks.

In indigenen Kulturen, Nord und Süd,
   der Hund als Helfer, in Jagd und Blut.
   Eine enge Verbindung, Leben im Einklang,
   Mensch und Hund, gemeinsam, im Lebens-
gang.

Im Islam, ein Blick, nicht immer klar,
   als unrein gesehen, doch Legenden sind da.
   Von Hunden, die Gottes Gunst empfingen,
   Vielfalt im Glauben, wie die Vögel singen.

Im Hinduismus, ein Hund, ein Zeichen,
   für Hingabe, für Glauben, ohne Weichen.
   Bhairava, der Beschützer, so pur,
   die Beziehung zum Hund, in der Hindu-
Kultur.

Inuit-Kulturen, im Norden, so rau,
   Schlittenhunde, im Wind, Eis und Grau.
   Unentbehrlich fürs Überleben,
   der Hund, ein Helfer, in kalten Spähren.

In Kulturen, so weit, so fern, so nah,
   der Hund, ein Freund, ein Band, wunderbar.
   Sein Platz, so unterschiedlich, ganz klar,
   von Kontinent zu Kontinent, von Jahr zu
Jahr.

Aberglauben

Im Aberglauben, so tief verwoben,
  sind Hunde oft von Mythen umhoben.
  Ihr Heulen im Dunkeln der Nacht,
  Vorzeichen, das Schicksal erwacht.

Schwarze Hunde, Unglück mag folgen,
  ein Aberglaube mit dunklen Folgen.
  Doch Hunde, so treu, so loyal,
  sind mehr als ein Omen, wirklich banal.

Träume von Hunden, Botschaften versteckt,
  ein Aberglaube, der uns boshaft neckt.
  Doch der Hund bleibt ein Freund,
  ganz egal, was der Mensch so erträumt.

Hunde und Geister, mystisch die Verbindung,
  ein Aberglaube, wie eine Melodie im Wind.
  Doch der Hund, er schützt uns, ohne List,
  seine Treue, sein Mut, ein Herz, das nie ver-
gisst.

Mondgeheul

Im nächtlichen Schein des Silbermonds Licht,
    hört man ein Lied, ein heulendes Gedicht.
    Die Hunde versammeln sich, einer zum anderen,
    ihr Geheul, ein Echo, in den nächtlichen Sphären.

Heulen zum Mond, zur Dunkelheit der Nacht,
    ein uraltes Ritual, das im Herzen erwacht.
    Stimmen vereinen sich, melodisch und klar,
    ein Lied der Wildheit, inzwischen sehr rar.

Ein Ruf zu den Vorfahren der hier erklingt,
    der Klang des Wolfes, ein Urinstinkt.
    Im Mondschein erzählen sie Geschichten so alt,
    von Abenteuern und Träumen, von Freiheit im Wald.

Mondgeheul, ein Echo vergangener Zeit,
    Hunde, sie singen, im Mondlicht so weit.
Die Nacht wird lebendig, mit ihrem Lied,
    Hunde, sie heulen, wenn der Mond vorbeizieht.

Ursprung Wolf

Einst streiften Wölfe wild und frei,
   durch Wälder, Fluren, Sturm und Mai.
   Doch eines Tages, ein Band der Zeit,
   Veränderung kam, brachte Neuheit.

Der Mensch, er kam, ein neuer Freund,
   ein Band, das die Evolution vereint.
   Aus Wölfen wurden Hunde, Freunde gar,
   doch der Ursprung bleibt, versteckt, doch
da.

Der Wolf gezähmt, geformt der Hund,
   durch Zucht, Auswahl, in einem Schwung.
   Doch Hunde erinnern, was einst war,
   durch jedes Bellen, jeden Blick, jedes Haar.

Mag es manchmal unglaublich erscheinen,
   kein Hund kann den Ursprung verneinen,
   sie alle tragen die Geschichte im Gang,
   vom Wolf zur Vielfalt, ein evolutionärer
Klang.

Wunderbare und wunderliche Eigenschaften

Spürnasen

Schnuppernd durchstreifen Hunde die Welt,
auf Gerüche des Universums eingestellt.
Mit Spürnasen so scharf, so wunderbar fein,
verfolgen sie Duftnuancen, einzigartig und rein.

Hundert Millionen, ein Meer von Zellen,
Geruchssinn der Hunde, schon bei Welpen.
Sie riechen, sie spüren, Nuancen im Wind,
das Abenteuer des Riechens, folgen ihm blind.

Gerüche, ein vielschichtiges Puzzle im Raum,
Hunde erfassen das Bild, sogar im Traum.
Die Luft ist ihr Bote, der Duft die Sprache,
Spürnasen der Hunde, eine faszinierende Sache.

Individuelle Geruchsprofile, Meisterwerk der Natur,
Hunde unterscheiden, erkennen, einzigartig und pur.
In ihrem Reich der Düfte, vielfältig, so klar,
die Spürnasen versetzen in Erstaunen, so wahr.

Hunde und Wasser

Hunde und Wasser, eine Liebe so klar,
  absolute Wasserratten, das ganze Jahr.
  Ob Sommer, ob Winter, immer bereit,
  in die Fluten zu springen, zu jeder Zeit.

Dezember, Frost und klirrende Kälte an Land,
  der Hund stürzt ins Wasser, sofort aus dem
Stand.
  Die Ostsee, so eisig, hält ihn nicht ab,
  die Liebe zum Wasser macht scheinbar nie
schlapp.

Doch kaum steht ein Bad in der Wanne an,
  ist der Hund plötzlich wasserscheu, überaus
seltsam.
  Beim Anblick der Wanne wird er ganz blass,
  flieht möglichst weit vor dem furchtbaren
Nass.

Das Wasser mal Freund, mal Feind,
  im See, im Meer, voller Mut, ohne Schein.
  Doch im Bad, ein Drama, so furchtbar gar,
  Hunde und Wasser, ein Rätsel, sonderbar.

Das Stöckchen

Ein Stöckchen geworfen, in die Luft so weit,
   der Hund springt empor, voller Heiterkeit.
   Mit Begeisterung rennt er, holt es zurück,
   seine Freude am Spiel, dem Augenblick.

Herumtollend, das Stöckchen im Mund,
   ein wahrer Spielrausch, für jeden Hund.
   Beim Hergeben, ein Augenzwinkern klar,
   wer spielt hier mit wem, fragt man sich da.

Ein Ritual aus Werfen und Bringen, so fein,
   doch dazwischen, was mag da sein?
   Ist es der Hund, der den Mensch beschäftigt
hält,
   oder der Mensch, der dem Hund spielerisch
gefällt?

Ein Mysterium, wer hier wirklich gewinnt,
   ein Spiel, das stets aufs Neue beginnt.
   Doch letztlich zählt nicht, wer der Meister
sei,
   sondern das Lächeln, die Freude, dabei.

Schlammbad

Im Garten, ein Spaß, so schmutzig, so klar,
  ein Schlammbad, für den Hund, wunderbar.
  Pfoten, die springen, im matschigen Nass,
  Vergnügen pur, im Schlamm, ohne Maß.

Er rollt sich, taucht ein voller Lust,
  ein Freudentanz, komplett im Schmutz.
  Sein Fell wird braun, von Kopf bis Pfote,
  ein Schlammbad mit persönlicher Note.

Die Sonne lacht, der Hund so froh,
  im Schlamm, im Dreck, kein bisschen K.o.
  Mit leuchtenden Augen, glücklich im Spiel,
  ein Schlammbad, so einfach, ganz sein Stil.

Freudiges Wiedersehen

Der Schwanz wedelt fröhlich im Takt,
    wartet, ein vertrautes Geräusch, ein Klack.
    Die Tür öffnet sich, und wunderbar:
    Sein Herrchen, sein Freund ist wieder da.

Das Bellen, das Hüpfen, voller Energie,
    der Hund in seiner Freude, eine Magie.
    Die Welt ist endlich wieder komplett,
    wenn der Freund auf seine Weise antwortet.

Eine Umarmung, ein Blick, Zuneigung so rein,
    die Bindung zwischen ihnen, so muss es sein.
    Die Zeit zusammen, kostbar und klar,
    der Hund und sein Herrchen, ein eingespieltes Paar.

Fünf kleine Elfchen

Elfchen, das
Eine Gedichtform, die in der Regel aus elf
Wörtern (daher der Name) besteht, die auf
fünf Zeilen verteilt sind.

Fellknäuel
Große Augen
Wackelig tapsender Gang
Auf den ersten Blick
Verliebt

Unbeschwert
Pfoten tapsen
Fröhlich, frei voran
Auf zum feinen Lebensglück
Wunderbar

Blick
So treu
Verstehen uns stumm
Ohne Worte einfach miteinander
Vertraut

Pfoten
Hinterlassen sanft
Spuren der Liebe
Im Chaos der Zeit
Verbundenheit

Spürnase
Eifrig erkunden
Duft der Reise
Neugier, Instinkt, Suchen, Finden
Abenteuer

Danksagung

Manchmal braucht es einen Stups in die richtige Richtung. Mein Dank geht daher an alle, denen mein erster Gedichtband gefallen hat und die mich somit ermutigt haben, weiter zu machen.

In diesem Zusammenhang Danke an: Patricia, Konrad, Dominique, Dagmar, Manfred, Heti, Manuela, Ralph, Mandy, Julia und Matthias.

Ein besonderer Dank geht hierbei an meinen Mann, der mehr oder weniger mit dem Zaunpfahl gewunken hat, einen Gedichtband über Hunde zu schreiben.

Aber natürlich geht mein Dank auch an die Hunde in meinem Umfeld, deren Geschichten und Anekdoten diese Gedichte erst ermöglicht haben.

Daher Danke an: Shrek, Fiona, Suki, Ella und Jette.

An dieser Stelle sollen auch deren zweibeinige Mitbewohner, die mir diese Geschichten erzählt haben, nicht vergessen werden.

Also Danke an: Christian, Evi, Dominique, Manuela und Gisela.